Werner Färber

Geschichten vom Lokführer Leo

Mit Bildern von Katharina Wieker

Hase und Igel®

Für Lehrkräfte gibt es zu diesem Buch
ausführliches Begleitmaterial beim Hase und Igel Verlag.

www.hase-und-igel.de
Druck: Himmer AG, Augsburg

Dieses Buch erschien erstmals 2003
unter dem Titel „Geschichten vom kleinen Lokführer“
in der Loewe Verlag GmbH, Bindlach.
Es wurde für diese Ausgabe vollständig neu bearbeitet.

Kartonierte Ausgabe:
ISBN 978-3-86760-149-8
Gebundene Ausgabe:
ISBN 978-3-86760-729-2

Inhalt

Lokführer Leo

Als kleiner  spielte Leo

stundenlang mit seiner .

Während er die 

über die  steuerte,

träumte er davon,  zu werden.

„Warum nicht  oder ?“,

fragten ihn andere .

Doch Leo wollte  werden.

Und heute schaut Leo tatsächlich

aus dem  einer großen .

Er soll den  transportieren.

Mit einem 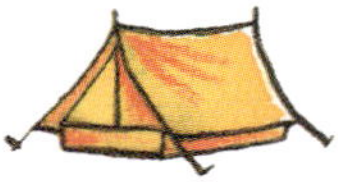, bunten 

und vielen .

Leo müsste längst unterwegs sein.

Aber ein  will nicht einsteigen.

„Der 

verreist wohl nicht gern?“,

fragt Leo.

Der  nickt.

„Ausgerechnet heute

musste der  zum .

Und auf mich

will der  nicht hören."

„Kann man ihn nicht

mit einem 

in den  locken?",

fragt der .

Der  hebt ratlos die 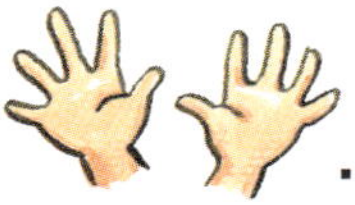.

„Die letzten 

haben gestern die  gefressen."

„Das haben wir gleich", sagt Leo.

Er klettert in seine 

und kommt

mit einem halben  zurück.

„Das soll reichen?“,

fragt der  zweifelnd.

Der  hält dem 

den halben  hin.

Ohne zu zögern,

folgt der  Leo in den  .

„Das haben Sie

wirklich toll gemacht“,

lobt der  .

„Wenn Sie wollen,

können Sie sofort

bei meinem  anfangen.“

„Nein danke.

Ich weiß, wohin ich gehöre“,

sagt der  Leo

und steigt in seine .

Leo greift ein

Der  Leo hat lange gearbeitet.

Jetzt fährt er heim.

Natürlich mit dem  .

Während er gemütlich

in einem der  sitzt,

steuert nun ein anderer 

die  .

Leo holt sein  hervor,

um ein wenig zu lesen.

Der 

bummelt vor sich hin.

An einem 

steigt ein kleiner  ein.

Ganz allein. Leo wundert sich.

„Fährst du schon ganz allein

mit dem  ?“, fragt er.

„Mama kauft uns noch “,

antwortet der .

Er zeigt nach draußen

auf eine .

Sie steht am 

und wartet,

dass sie drankommt.

Schon schließt sich die 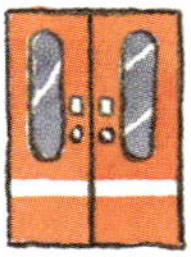.

„Halt! Die  muss noch mit!“,

ruft Leo dem anderen  zu.

Doch der hört ihn nicht.

Inzwischen hat die 

am  bemerkt,

dass der  losfährt.

Winkend und rufend

läuft sie neben dem  her.

„Mama!“, ruft der .

In seinen  sammeln sich .

„Das kriegen wir schon hin“,

tröstet Leo und nimmt seine .

Dann eilt er nach vorn.

„Du musst noch mal anhalten!“,

ruft Leo dem anderen  zu.

Schon quietschen die   .

„Was ist denn jetzt los?“,

fragt ein  ,

als der 

wieder rückwärts

in den  rangiert.

„Ich komme zu spät!“,

beschwert sich eine .

Leo nimmt das 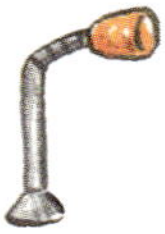

und erklärt allen,

warum der  zurückfährt.

„Wir können den 

doch nicht allein reisen lassen."

Das verstehen alle.

Dass die 

den  verpasst hat,

weil sie  kaufen wollte,

verrät der  lieber nicht.

Ein hoffnungsloser Fall?

Der  Leo sitzt am 

und buttert sein 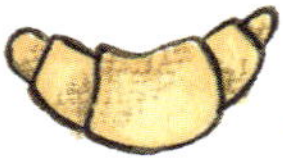 .

Elegant öffnet er

mit dem 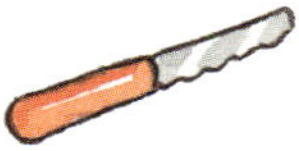 das gekochte  .

„Hmm“, sagt er. „Wachsweich.“

Er nippt an seiner 

und schlägt die 

auf.

Leo will wissen,

was auf der  passiert.

Er blättert um

und entdeckt das 

einer alten .

„Viele helfende Hände gesucht!

Ist diese 

noch zu retten?“,

steht unter dem  .

Das interessiert Leo natürlich.

Er faltet die 

zusammen,

rückt den  vom 

und lässt alles stehen und liegen.

Er setzt den  auf

und schwingt sich auf sein .

Schon wenig später steht er

vor einer alten .

Aus ihrem  wächst .

Die 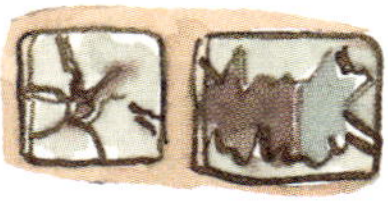 und die 

sind gesprungen.

Außerdem ist sie

von oben bis unten verrostet.

„Die ist nicht zu retten“,

sagt eine .

Doch Leo gibt nicht einfach auf.

„Wir müssen nur kräftig

in die 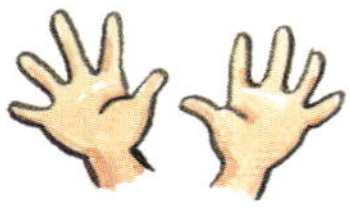 spucken“,

sagt er

und überredet alle mitzuhelfen.

Mit großen 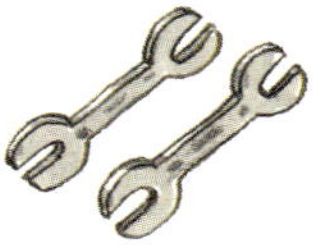

werden lose  festgezogen.

Der  wird vom  befreit.

Leo kauft  und .

Die  wird entrostet

und neu angestrichen.

Als Leo schließlich 

ins neu entfachte  schaufelt,

wird es richtig spannend.

Ob sich

die frisch geölten 

drehen werden?

„Sie funktioniert!“,

ruft der  Leo

und fährt mit der  davon.

Leos kleinste Lok

Ob es

eine gemütliche  ist

oder der neueste ,

ist dem  Leo ziemlich egal.

Er liebt alles,

was viele 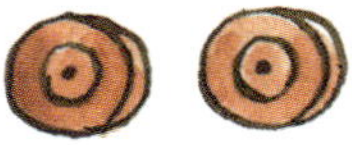 hat

und obendrein auf  passt.

Sonntags fährt Leo häufig

eine ziemlich kleine  .

Sie hat nur drei  ,

und auf die 

muss sich der  draufsetzen.

Heute strahlt die ,

dass die  blitzen.

Keine  weit und breit.

Die  verkaufen sich gut.

Vor der  stehen viele .

Damit alle mitfahren können,

hängt Leo noch zwei  an.

„Festhalten!“, ruft der 

und schlägt die .

Leo rückt seine  zurecht.

Mit fünf vollen 

muss sich die kleine 

mächtig plagen.

Ganz langsam wird sie,

als es den  hinaufgeht.

„Ihr müsst mithelfen,  !“,

ruft der  .

„Sollen wir schieben?“, fragt ein  .

„Es reicht, wenn ihr

mich und die  anfeuert“,

antwortet Leo.

„Ihr schafft das schon!“,

ruft das  .

Die anderen  stimmen ein:

„Ihr schafft das schon,

ihr schafft das!“

Sie rufen, bis die 

über den  gefahren ist.

Als es wieder abwärts geht,

klatschen die 

in die .

„Ihr habt's geschafft,

ihr habt's geschafft!",

feiern sie den 

und die kleine  .

Die Wörter zu den Bildern:

Junge

Modell-
eisenbahn

Lokomotive

Gleise

Lokführer

Astronaut

Fußball-
spieler

Kinder

Fenster

Zirkus

Zelt

Wohnwagen

Tiere

Elefant

Zirkusdirektor

Buch

Dompteur

Bahnhof

Arzt

Brezeln

Apfel

Frau

Waggon

Kiosk

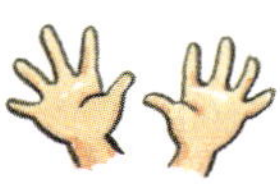
Hände

Waggontür

Affen

Augen

Zug

Tränen

Räder

Mann

Mikrofon

Tisch

Hörnchen

Messer

Ei

Tasse

Zeitung

Welt

Foto

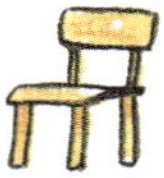
Stuhl

Fahrradhelm

Fahrrad

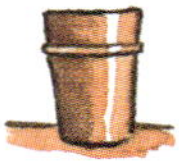
Schornstein

Gras

Lampen

Schrauben-
schlüssel

Muttern

Pinsel

Farbe

Kohle

Feuer

ICE

Sonne

Wolke

Fahrscheine

Kasse

Glocke

Mütze

Berg

Mädchen

Werner Färber, 1957 in Wassertrüdingen geboren, ist ein bekannter Kinder- und Jugendbuchautor. Auch im Rundfunk sind seine Geschichten zu hören. Darüber hinaus ist er als Übersetzer aus dem Englischen tätig. Werner Färber lebt in Hamburg und wer noch mehr über ihn und seine Bücher erfahren möchte, findet im Internet unter *www.wernerfaerber.de* weitere Informationen.

Katharina Wieker, geboren 1964, ist von Beruf Trickfilmzeichnerin und lebt in Berlin. Seit 1993 illustriert sie auch Kinderbücher, was ihr großen Spaß macht. Mehr Informationen über die Illustratorin findest du unter *www.katharinawieker.de*.